AF232035

Les Allemands

à Châteaudun

CHATEAUDUN

de la Société du *Patriote*. — H. PRUDHOMME, D^r.

—

1897

Les Allemands

à Châteaudun

CHATEAUDUN

Imprimerie de la Société du *Patriote*. — H. PRUDHOMME, D^r

1895

LES ALLEMANDS A CHATEAUDUN

Il y a quelques mois, M. le baron de Stein, secrétaire de M. le duc de Saxe-Meiningen, m'adressait un exemplaire d'une brochure dont voici le titre : *Le Combat de Châteaudun et la Situation politique actuelle. Lettre adressée au* Temps *par le baron de Stein.*

Il m'a paru qu'il convenait de choisir, pour y répondre, l'anniversaire du 18 Octobre et le jour de l'inauguration du Monument de la Défense de Châteaudun.

J'ai essayé de le faire en quelques mots à la fin du banquet qui réunissait, le 18 octobre dernier, la plus grande partie des survivants de cette Défense ; mais j'ai été obligé d'écourter beaucoup et les citations de l'ouvrage de M. le baron de Stein, et les documents que j'avais réunis pour y répondre.

Il me sera plus facile ici, d'abord de

donner connaissance des points princi-
paux et qui nous intéressent le plus dans
cette brochure, puis des témoignages
contraires à ses affirmations, qu'il m'a
été possible de recueillir.

Voici quelle est l'origine de la lettre de
M. le baron de Stein :

L'année dernière le *Figaro* publiait, le
17 octobre, un article célébrant l'anniversaire de la Défense de Châteaudun et
l'auteur, M. Henry Houssaye, de l'Acadé-
mie Française, terminait son article en
accusant formellement les Allemands
d'avoir mis le feu aux maisons avec la
torche et le pétrole, et il citait comme
ayant présidé à cette barbarie soit le
général Von Wittich, soit le prince Albert,
soit le duc de Saxe-Meiningen.

Celui-ci protesta par la plume de M. le
baron de Stein, dans une lettre adressée
à M. Henry Houssaye et, rappelant que le
Petit Journal l'avait accusé aussi d'avoir
lui-même mis le feu aux rideaux de la
salle de l' « Hôtel du Grand Monarque »
après y avoir pris un repas, raconta
comment et où il avait logé le 18 et le 19
à Châteaudun.

M. H. Houssaye m'écrivit en me trans-
mettant cette lettre pour me demander

de contrôler les affirmations de M. le duc
de Saxe-Meiningen et de lui fournir,
sur l'incendie de Châteaudun, les documents que je pourrais me procurer.

Je répondis par une lettre dans laquelle
je confirmai la parfaite exactitude des
renseignements donnés par le duc et
cela m'avait été d'autant plus facile que
c'était M. Michou, mon second adjoint,
qui avait précisément été l'hôte involon-
taire du duc.

Je profitai de la circonstance pour
faire, auprès des personnes qui me
furent indiquées comme pouvant fournir
quelques renseignements, une enquête
sur l'incendie des 18 et 19 octobre 1870 ;
contrôlant autant que possible l'un par
l'autre les récits qu'on me faisait, ne me
contentant pas de vagues affirmations,
mais demandant des détails précis et
insistant sur toutes les circonstances de
temps et de lieu.

Je signalai également divers extraits,
traduits par M. Godard, professeur d'allemand au collège de Carpentras, et
provenant : de « l'historique du 94ᵉ régiment (allemand) ; de l'historique du
83ᵉ régiment, du journal du sous-officier
Hormel ; de l'historique du 32ᵉ régiment ».

Tous témoignages fort embarrassants pour le duc de Saxe-Meiningen et pour son secrétaire M. le baron de Stein. M. Henry Houssaye publia en partie la lettre de M. de Stein et lui répondit le 11 novembre en se servant des documents que je lui avais adressés.

Le baron de Stein ne fut pas satisfait de cette réponse et le 26 décembre, il écrivait de nouveau au *Temps* la longue lettre que celui-ci n'inséra pas (trouvant probablement que le sujet manquait d'actualité) et qu'il publia ensuite sous forme de brochure, comme je l'ai dit plus haut.

M. le baron de Stein nous dit « que « c'est au nom de l'équité et de la « science qu'il parle, de cette science « qui ne connaît ni frontières, ni diffé- « rence de langues, ni les affections, ni « les haines des peuples, qui ne connaît « qu'une chose : la recherche de la « vérité. »

Nous nous placerons exactement dans les mêmes conditions, détruisant la légende lorsque nous la rencontrerons pour lui substituer cette vérité, que nous ne rechercherons pas avec moins d'ardeur que M. de Stein.

Le point principal de notre investigation est celui-ci : Les Allemands ont-ils, dans la nuit du 18 au 19 octobre, d'abord pendant le combat, puis lorsque la fusillade avait partout cessé et que la bataille était finie, enfin le lendemain 19 octobre, mis le feu à la main, aux maisons de notre ville? Sans hésitation je réponds : Oui.

A l'« Hôtel du Grand-Monarque », en particulier, est-il vrai que des officiers allemands aient enflammé eux-mêmes les rideaux de la salle où ils s'étaient fait servir un plantureux repas? Sans hésitation encore je réponds: Non, cela n'est pas vrai.

Voici, sur ce point particulier, la déposition de Mme veuve Sénéchal, propriétaire en 1870 de l' « Hôtel du Grand-Monarque:

« Vers 11 heures du soir (notez qu'il ressort de tous les documents officiels que, à 10 heures et demie au plus tard les derniers francs-tireurs avaient quitté la Ville et que, par conséquent, à 11 h., il y avait *au moins* une demi-heure que le combat avait cessé) « Vers 11 heures « du soir, donc, on frappa violemment à « la porte de l'hôtel; mon mari ayant

« ouvert, plusieurs officiers allemands
« entrèrent et demandèrent du vin ; ils
« firent déboucher plusieurs bouteilles,
« dont ils ne burent qu'après que mon
« mari eût bu avant eux. Ils se retirèrent
« sans rien demander de plus. Quelques
« minutes plus tard, d'autres revinrent,
« c'étaient des simples soldats : ils deman-
« dèrent du cognac et nous dûmes rem-
« plir leurs bidons des liqueurs que
« nous avions sous la main. Quand cela
« fut fait, plusieurs d'entre eux nous
« dirent de prendre ce que nous voulions
« emporter, car ils allaient brûler la
« maison. Nous montâmes précipitam-
« ment dans notre chambre et, à peine
« avions-nous eu le temps de changer
« de vêtements que nous aperçûmes des
« flammes qui sortaient des fenêtres.
« Nous nous sommes empressés de nous
« sauver et nous avons vu plusieurs
« foyers allumés en différents points :
« en particulier... »

Cette déposition a été confirmée en
tous points par M. R... qui, ami de
M. Sénéchal, lui avait entendu, nombre
de fois, raconter les mêmes choses exactement de la même façon.

Ainsi donc, voici la légende détruite

qui représentait des officiers supérieurs allemands mettant le feu à l'« Hôtel du Grand-Monarque » ou même obligeant les propriétaires à allumer eux-mêmes l'incendie après leur avoir servi un plantureux repas.

Il reste ce fait certain que le feu a été mis là, comme ailleurs, ainsi que nous le verrons plus loin, à la main et sans aucune nécessité de défense, mais seulement par un bas esprit de vengeance.

Avant de citer les extraits d'ouvrages allemands qui établissent que le feu a bien été mis *à la main* en maints endroits, je dois relever un certain nombre d'inexactitudes dans les citations que fait M. le baron de Stein, inexactitudes qui tendent à exagérer les faits pour pouvoir ensuite plus facilement trouver des excuses pour ce qui est inexcusable.

Je n'oublie pas que M. le baron de Stein ne connait qu'une chose : *la recherche de la vérité*, et je vais l'aider dans la tâche qu'il s'impose.

« Châteaudun, dit l'*Historique du* « *83ᵉ régiment*, un vrai nid de rocher, « *avec des fortifications bien conservées* « *datant du moyen âge.* »

Où donc ces fortifications? sauf quelques murs de soutènement que la poussée des terres fait ébouler de temps en temps, je ne vois guère ces fortifications *bien conservées*.

« ...Une grande barricade... construite « de *grosses pierres de taille* et de « troncs d'arbres. » *(Historique du 95° régiment).*

Il s'agit là de la barricade rue d'Orléans qui n'était construite que de terre et de pavés, mais il faut exagérer, toujours dans le but indiqué.

« Les murs très forts des jardins. » *(Journal du général de Wittich).*

Nous savons tous comme sont construits ces murs, et au point de vue stratégique surtout, il paraît difficile de les qualifier de *très forts.*

« Presque chaque maison devait être « prise par les armes; *à cette occasion (!)* « beaucoup d'entre elles *prirent (!)* feu. »

Il est absolument inexact que chaque maison dût être prise par les armes : tous ceux qui ont pris part à l'action, tous ceux qui en ont *dès le lendemain* entendu le récit, savent que tout le combat se passa dans les rues, derrière les barricades et sur la place : il n'y eut peut-être pas vingt coups de fusil tirés des maisons. Dire que *presque chaque maison devait être prise par les armes,* c'est commettre une faute grave contre la vérité, et cette faute, cette erreur volontaire, n'a qu'un but, faire passer le reste de la phrase : « à cette occasion, beaucoup d'entre elles *prirent* feu. »

Plus loin : « Nous fîmes 150 prison-« niers, les armes à la main. »

Il eût beaucoup mieux valu, Monsieur le baron, omettre cette phrase dans votre citation.

Puisque vous recherchez la vérité, sachez que peu de prisonniers furent faits les armes à la main, que la plupart de ceux qui furent saisis, le lendemain matin *19*, étaient de malheureux habitants attirés dans un piège où ils vinrent se faire prendre. La preuve de ce fait se trouve dans le nombre même des Dunois emmenés à Colberg, qui étaient près d'un cent contre une quarantaine de francs-tireurs.

« La mort le menaçait (le soldat alle-« mand) de chaque fenêtre, de chaque « soupirail : on *précipitait sur lui des*

« *poutres et des pavés.* » *(Historique du 94ᵉ régiment).*

Encore une inexactitude absolue. Non, les maisons n'avaient pas été munies de provisions de projectiles, et toutes, ou la plupart, étaient vides de leurs habitants ; d'ailleurs, ainsi que je l'ai dit, c'est *dans les rues* que le combat eut lieu, *exclusivement dans les rues.*

« Des femmes... avaient pris part au « combat. On les trouva derrière les « fenêtres et les meurtrières tuées par « des coups de fusil. » *(Souvenirs de la Guerre*, par M. A. Zeitz).

Si cela était, elles seraient enterrées avec leurs camarades tombés au champ d'honneur et nous célébrerions leur mort héroïque ; mais *cela n'est pas*, pas une seule femme ne fut trouvée tuée ni derrière une fenêtre ni derrière une meurtrière. Une seule femme, une jeune fille, prit vaillamment part à la lutte, Laurentine Proust, mais elle fit tout ce que pouvait faire une jeune fille, elle fournit de munitions les combattants, allant chercher des provisions de cartouches au péril de sa vie à travers la pluie de balles et d'obus, et, pour cela, nous n'en admirons pas moins son courage.

Vous ne me reprocherez pas, comme à M. Henry Houssaye, d'avoir fait des extraits incorrects, puisque, ces extraits, je les prends dans votre brochure même.

Voyons donc, d'après la même source, les passages qui ont trait à l'incendie.

« Il ne restait plus qu'un seul moyen « de chasser l'ennemi de ses *bastions (!)* : « c'était *d'allumer* les maisons. » *(Historique du 94ᵉ régiment).*

Je voudrais bien savoir ce qu'étaient ces « bastions » : j'ai vu les maisons de Châteaudun le 17 octobre 1870 et les jours précédents et je n'en connais aucune qui pût mériter ce nom de *bastion.* C'est probablement des barricades qu'il s'agit, je les ai vues aussi et j'ai pris une part (oh ! bien petite, il est vrai) à leur construction : en conscience, je n'en vois pas une dans mon souvenir à laquelle ce terme pût s'appliquer sans une très forte exagération. Mais, admettant cette dernière hypothèse, comment était-il nécessaire d'*allumer les maisons*, pour chasser l'ennemi des barricades ?

« Le lieu du combat était éclairé à jour « par les flammes des maisons incen- « diées. *Des rues entières formaient une* « *mer de flammes.* »

Tant de maisons incendiées rien que pour faire sortir les ennemis de derrière ces fameux *bastions (1)*. Voilà qui ne s'explique guère.

« Comme l'illumination à gaz man-
« quait ce jour-là à Châteaudun.....,
« après beaucoup d'efforts, quelques-uns
« de nos hommes parvinrent à allumer
« deux maisons. » *(Journal du sous-officier Hormel)*.

Je ne veux pas mériter le reproche de frivolité que M. le baron de Stein adresse à M. Henry Houssaye, mais il me permettra pourtant de trouver de mon côté que, expliquer un double incendie par ces mots : « Comme l'illumination à gaz manquait ce jour-là » est une plaisanterie un peu lourde et que peut-être la main qu'une telle intelligence animait, pouvait être assez lourde aussi pour mettre le feu à quelques maisons de plus qu'il *n'aurait été utile*.

« On employa le moyen d'incendier les
« maisons pour en chasser l'ennemi »
(Historique du 32ᵉ régiment) qui n'y était pas, je vous l'ai déjà dit et répété.

Enfin, M. le baron de Stein nous

reproche une citation inexacte (page 16) :

« Vers six heures le colonel Kontzki
« avait déjà donné l'ordre de *mettre le*
« *feu* à *toutes* les maisons situées entre
« la gare et la rue de Chartres. »

Cette phrase n'existe pas, dit-il, dans
l'*Historique du 83ᵉ Régiment*.

Cela est vrai, mais elle existe dans le
*Journal d'un Soldat du 83ᵉ Régiment
d'Infanterie* (Marbourg, N.-G. Elwert,
éditeur, 1879), page 96.

Enfin, avant de passer aux témoignages
que j'ai pu recueillir, je veux citer
encore un document qui, suivant M. le
baron de Stein « *met fin à toute discussion
à ce sujet.* »

Meiningen, 19 novembre 1896.

Nous, soussignés, qui avons pris part,
comme officiers et soldats, au combat de
Châteaudun, le 18 octobre 1870, déclarons
sur notre honneur et notre foi qu'à notre
escient aucune mise à feu d'édifices n'a eu
lieu et n'a même été tentée après la fin du
combat, c'est à dire depuis le matin du
19 octobre, d'autant moins qu'il était dans

l'intérêt des troupes de conserver les locaux qui pouvaient leur servir de gite.

P. DE SCHMIDT
Général major en disponibilité, durant la campagne capitaine au 32ᵉ régiment.

WIPPERT
Ancien lieutenant-colonel, durant la campagne major et chef de bataillon au 95ᵉ régiment.

DE KUTZLEBEN
Major et aide de camp de S. A. R. Mgr le duc de Saxe Meiningen, au 18 octobre 1870, enseigne, faisant fonction d'officier dans le 32ᵉ régiment.

FRITZE
Chef-architecte ducal, durant la campagne vice-sergent-major, faisant fonction d'officier dans la 6ᵉ compagnie du 95ᵉ régiment.

K. ZEITZ (1)
durant la campagne volontaire de guerre dans le 32ᵉ régiment.

Que prouve donc ce document émanant de cinq personnes, probablement fort honorables ? Une seule chose : à savoir que pas une de ces cinq personnes n'a eu connaissance « d'une mise à feu d'édifices *depuis* le matin du 19 octobre », d'où il ne résulte pas qu'aucune « mise à feu » n'a eu lieu, mais seulement qu'aucune de ces cinq personnes *n'a eu connaissance* de celles qui auraient pu avoir lieu.

---

(1) Ce Monsieur K. Zeitz est le même qui est cité dans l'*Historique du 32ᵉ régiment*: « Grâce à sa parfaite connaissance du français, il rendit les plus grands services ; plus d'une fois il sut tromper les défenseurs par son langage *correct* et *élégant* et en criant: « Francs-tireurs par ici ! » amenait ceux-ci à découvrir l'endroit où ils se tenaient cachés. »

Mais admettant même (pour un instant) qu'il en ait été véritablement ainsi, nous affirmons, d'après les dires des nombreux témoins oculaires, d'après le rapport officiel de notre prédécesseur, M. le maire Lumière, d'après le rapport du colonel Lipowski, d'après le rapport du capitaine Ledeuil, que le combat avait cessé dans toute la ville vers dix heures, — dix heures, dit le rapport adressé au maire par le capitaine des pompiers ; dix heures et demie, dit le rapport du commandant de la garde nationale au sous-préfet de Châteaudun.

Et entre dix heures et demie du soir du 18 octobre et six heures du matin du 19, c'est-à-dire après le combat, et sans qu'aucune raison de défense puisse être invoquée, un grand nombre de maisons ont été incendiées à la main.

C'est ce que je veux prouver par des témoignages précis qui valent bien ceux que nous oppose M. le baron de Stein.

Tous les documents *allemands* s'accordent pour reconnaître que le feu a bien été mis à Châteaudun non seulement par les obus, mais encore à la main.

M. le duc de Saxe essaie de le contester

en disant : « On ne met pourtant pas le feu à son propre gîte ! » et là-dessus les cinq habitants de Meiningen, qui ont donné (par devant notaire, j'avais oublié de le dire) le certificat dont il a été question plus haut, s'empressent de répéter : « Qu'il était dans l'intérêt des troupes de « conserver les locaux qui pouvaient « leur servir de gîte. »

C'est une preuve de leur innocence qui les a frappés : j'avoue qu'elle ne me parait pas suffisamment convaincante.

Avant de passer aux récits de témoins oculaires français, un fait auquel il serait bon que M. le baron de Stein répondît.

Il existe à Châteaudun, au bas du rocher, une rue *où l'on ne s'est pas battu* le 18, ni le 19 octobre 1870, cette rue était, par sa position même, absolument à l'abri des obus allemands et, de fait, aucun projectile n'y est parvenu : comment se fait-il que, le 19 après midi, trois maisons *isolées l'une de l'autre* fussent en flammes ?

Simple question à laquelle il est bien difficile de répondre si l'on ne veut pas avouer que le feu a été mis après le combat, puisque, là, il n'y a pas eu combat le 18.

Passons aux témoignages.

1° Le 18 octobre 1870, une femme, Mme D.-Q., était restée enfermée toute la journée dans sa cave avec ses deux enfants auprès du vieux grand-père à l'agonie : il succombait dans la soirée, pendant que la fusillade éclatait plus vive sur la place.

Vers onze heures, n'entendant plus de détonations, Mme D.-Q. craint de se voir asphyxiée sous les ruines de sa maison, elle et ses enfants, et se hasarde à sortir pour se sauver.

Elle *voit* alors (onze heures du soir) les ennemis mettre le feu aux volets de la boutique d'un tourneur M. Mantion, presque son voisin de face.

Elle suit le trottoir et se dirige vers l'Hôtel-Dieu ; en passant devant la maison qui porte le n° 2 de la rue d'Orléans, elle *voit* distinctement par la fenêtre de la salle à manger, grande ouverte sur la rue, les Allemands allumant un grand feu dans la pièce.

2° Mme R.-D. rentre chez elle le 19 octobre au matin, elle visite sa maison et, au second étage, trouve entassés au milieu d'une pièce, les robes légères de sa fille pêle-mêle avec des livres qu'on a sortis d'une bibliothèque : on a mis le feu à ce monceau, mais le feu n'a pas pris.

Le lendemain, du reste, sa maison était en cendres.

3" Le 19 octobre, vers 9 heures du matin, M. Guyard de la Charmoye, conseiller municipal, se rendait à la Gare, quartier général allemand, accompagné de M. Milochau, sous-préfet, pour demander l'autorisation d'éteindre les incendies. En passant devant une maison *isolée* de l'avenue de la Gare, maison qui portait le n° 1 (maison Cora), ces messieurs virent des Allemands en train de la mettre au pillage.

La conférence terminée, ils revenaient par le même chemin : la maison était en feu.

Voilà trois témoignages entre beaucoup d'autres, mais j'ai choisi ceux-là parce qu'ils sont absolument précis et que les témoins sont encore présents à Châteaudun et prêts à affirmer la sincérité de leurs déclarations.

Je trouve, moi aussi, monsieur le baron, que *ces documents mettent fin à toute discussion à ce sujet.*

Je ne vous suivrai point dans la savante dissertation que vous entreprenez, vous appuyant sur l'autorité du général du Barail, sur les principes du droit maritime (Paris, 1856), sur la convention de Saint-Pétersbourg (1868), sur la convention de Genève (1864), sur les instructions pour les commandements des armées des Etats-Unis en campagne, sur *les Lois de la Guerre sur terre* (1880) de l'Institut du droit International (?), pour rechercher si Châteaudun avait ou n'avait pas le *droit* de se défendre.

Nous disons, nous, qu'il en avait le *devoir* et que *ce devoir* il l'a accompli.

Nous ne recherchons pas si les Allemands avaient ou n'avaient pas le droit de mettre le feu à la main, *après le combat*, à nos maisons : nous constatons seulement qu'ils l'ont fait.

Nous réclamons le droit de nous réunir chaque année non pas pour *fêter* l'anniversaire du 18 octobre 1870, ce serait là, hélas ! une triste fête, mais pour entretenir chez nos descendants cette religion du souvenir que nous jugeons bonne et salutaire. Nous ne voulons pas que nos enfants *oublient !*

Il est étrange, Monsieur le baron, que

vous nous reprochiez de *périmer les ressentiments chauvinistes* (ce sont vos paroles) : quand, depuis 27 ans, vous, Allemands, vous célébrez chaque année dans toute l'Allemagne et jusqu'au milieu de populations naguère Françaises, l'anniversaire de la bataille de Sedan ; entretenant la haine du Français vaincu avec plus de soin et plus de passion encore que vous cultiviez autrefois la haine du Français vainqueur.

Nous avons acquis, à Châteaudun (à quel prix !), le droit à la modération et au calme.

Certes nous *n'oublions* rien, nous ne voulons rien *oublier*, mais nous savons que les paroles de bravade, les cris de revanche n'avanceront pas d'une minute l'heure des réparations nécessaires.

Vous nous faites, Monsieur le baron, un cours de politique internationale, pour nous démontrer que notre *alliée* la Russie, ne nous suivrait pas si nous étions agresseurs.

Bien que vous retardiez un peu, car depuis le 10 février dernier, date de votre lettre, des événements se sont produits qui pourraient changer un peu vos conclusions, je veux pourtant les admettre pour vraies et justes.

Mais nous avons vu, depuis 25 ans, bien des choses se *modifier* en Europe et chacun des changements qui s'y sont effectués semble nous rapprocher un peu du but, car la France n'a cessé d'y gagner en puissance et en influence.

Un coup d'œil en arrière nous permet aujourd'hui d'avoir foi dans l'avenir et de mettre notre espoir *dans la justice immanente des choses !*

L. BAUDET.

Châteaudun, 18 octobre 1897.

Châteaudun. Imp. du *Patriote*. H. PRUDHOMME